Gaspard de la Nuit

By

Maurice Ravel

For Solo Piano

(1808)

M.55

MAURICE RAVEL (1875–1937)
Gaspard de la Nuit
Trois Poèmes pour Piano d'après Aloysius Bertrand

I. Ondine

. . . Je croyais entendre/Une vague harmonie enchanter mon sommeil,/Et près de moi s'épandre un murmure pareil/Aux chants entrecoupés d'une voix triste et tendre. — Brugnot, Les deux Génies

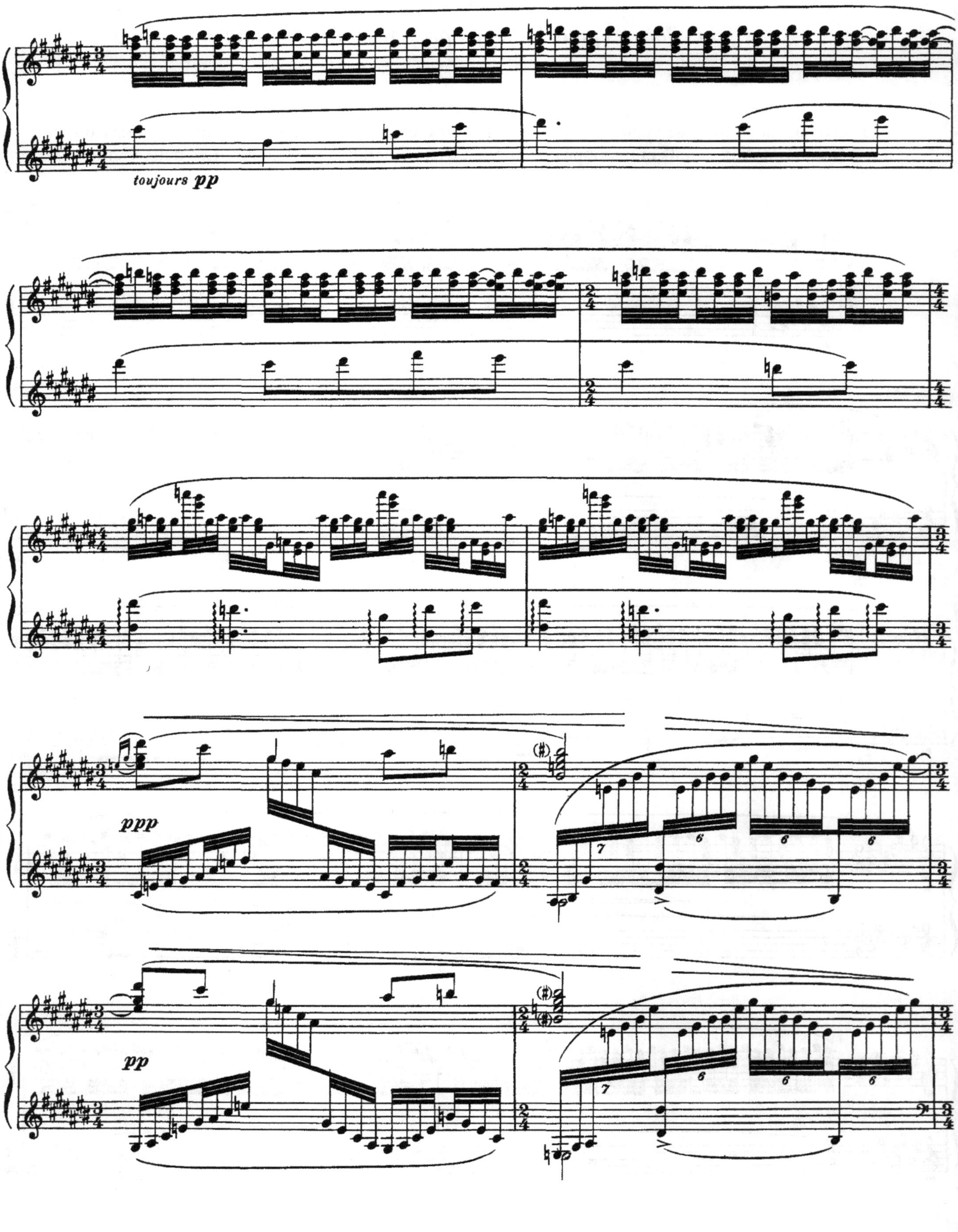
toujours pp
ppp
pp

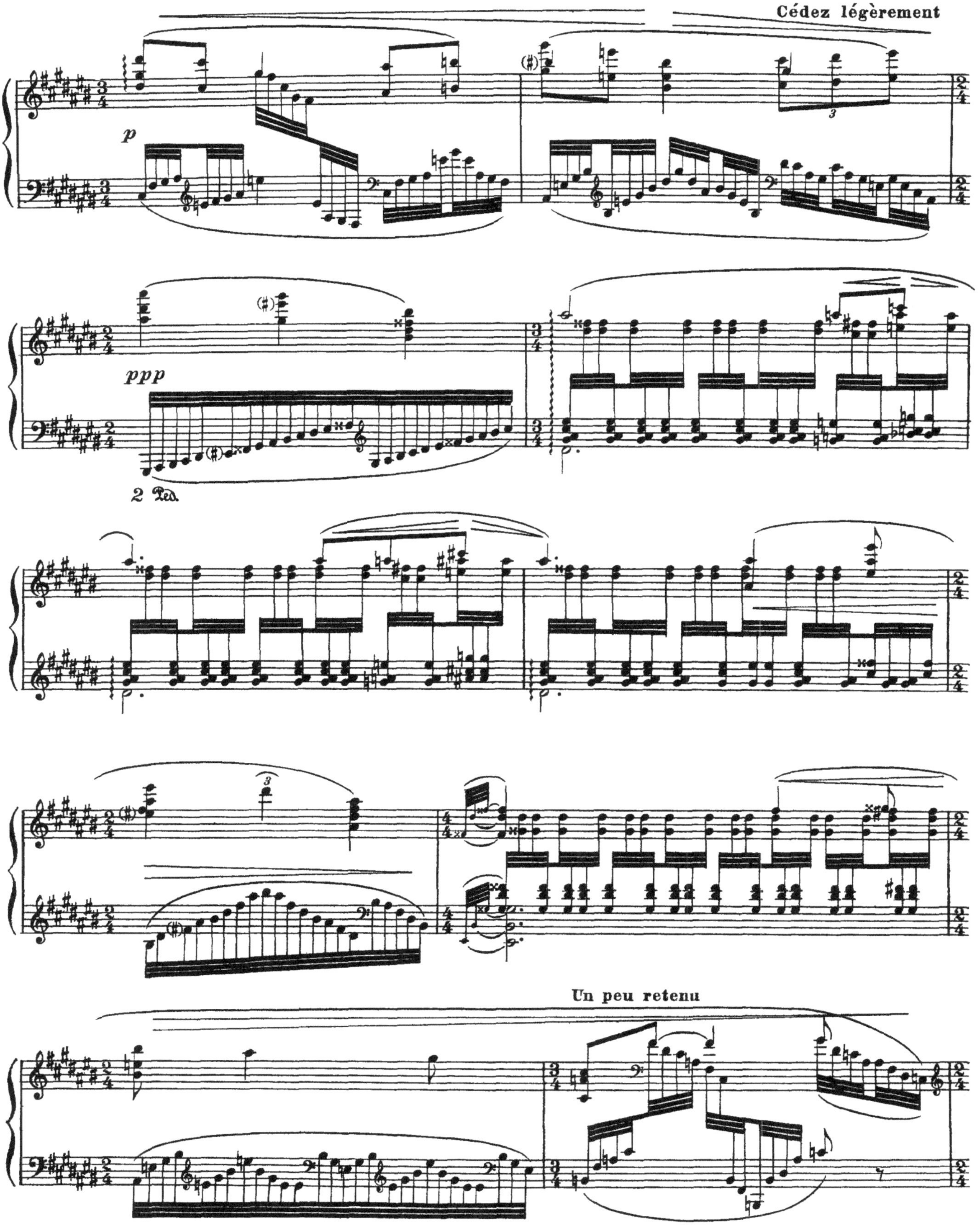
Cédez légèrement
p
ppp
2 Ped.
Un peu retenu

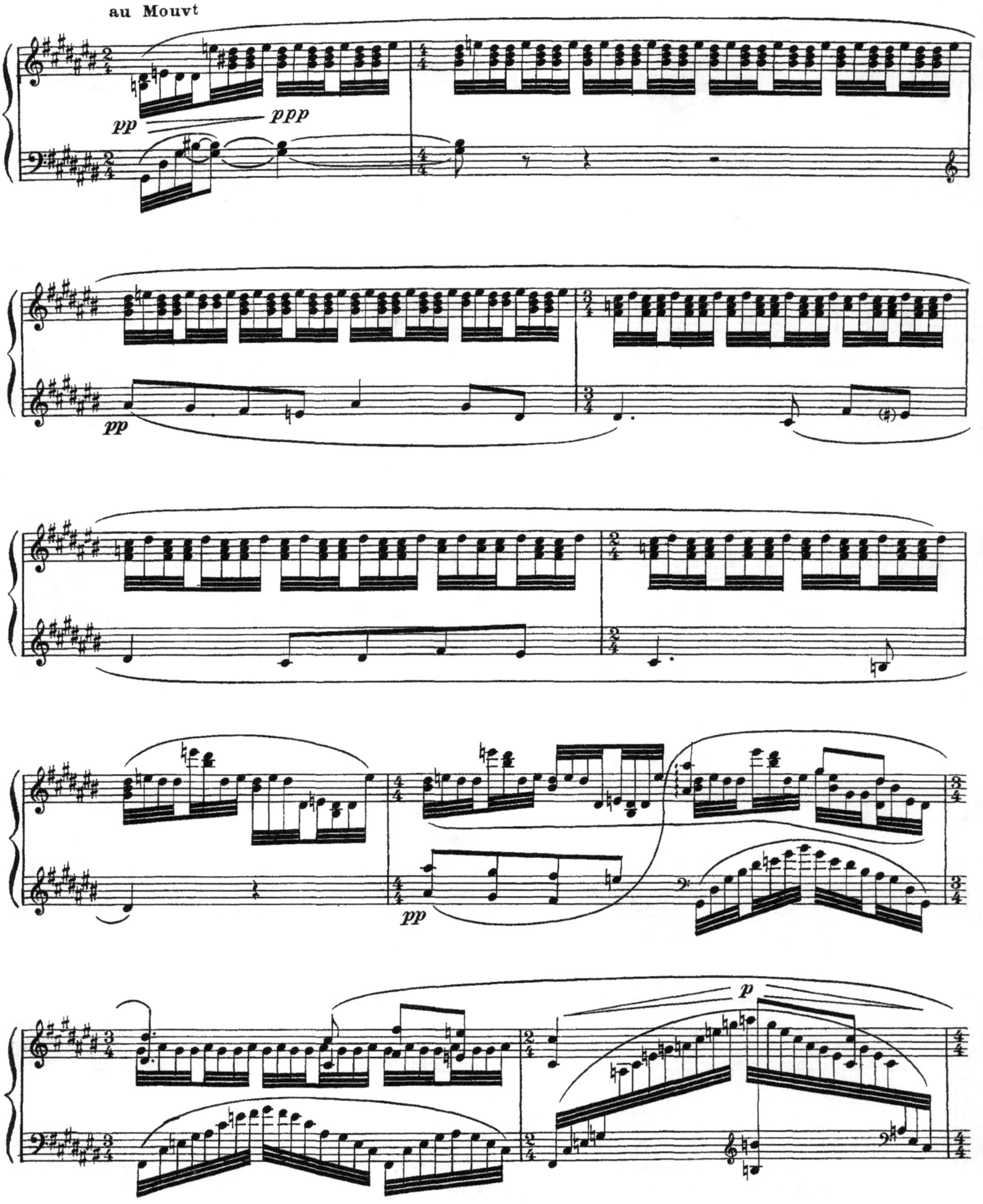
au Mouvt
pp
ppp
pp
pp
p

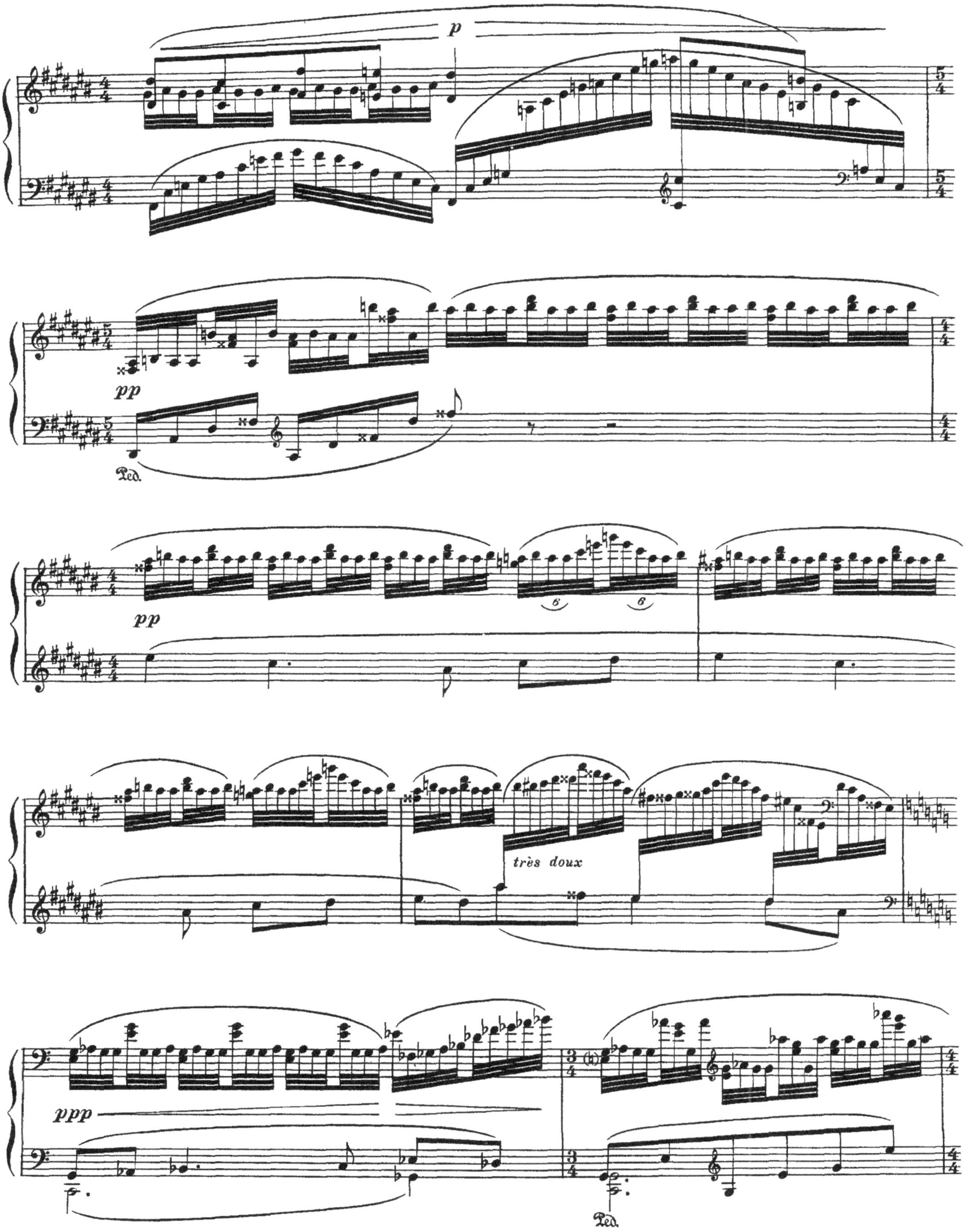
p
pp
Ped.
pp
très doux
ppp
Ped.

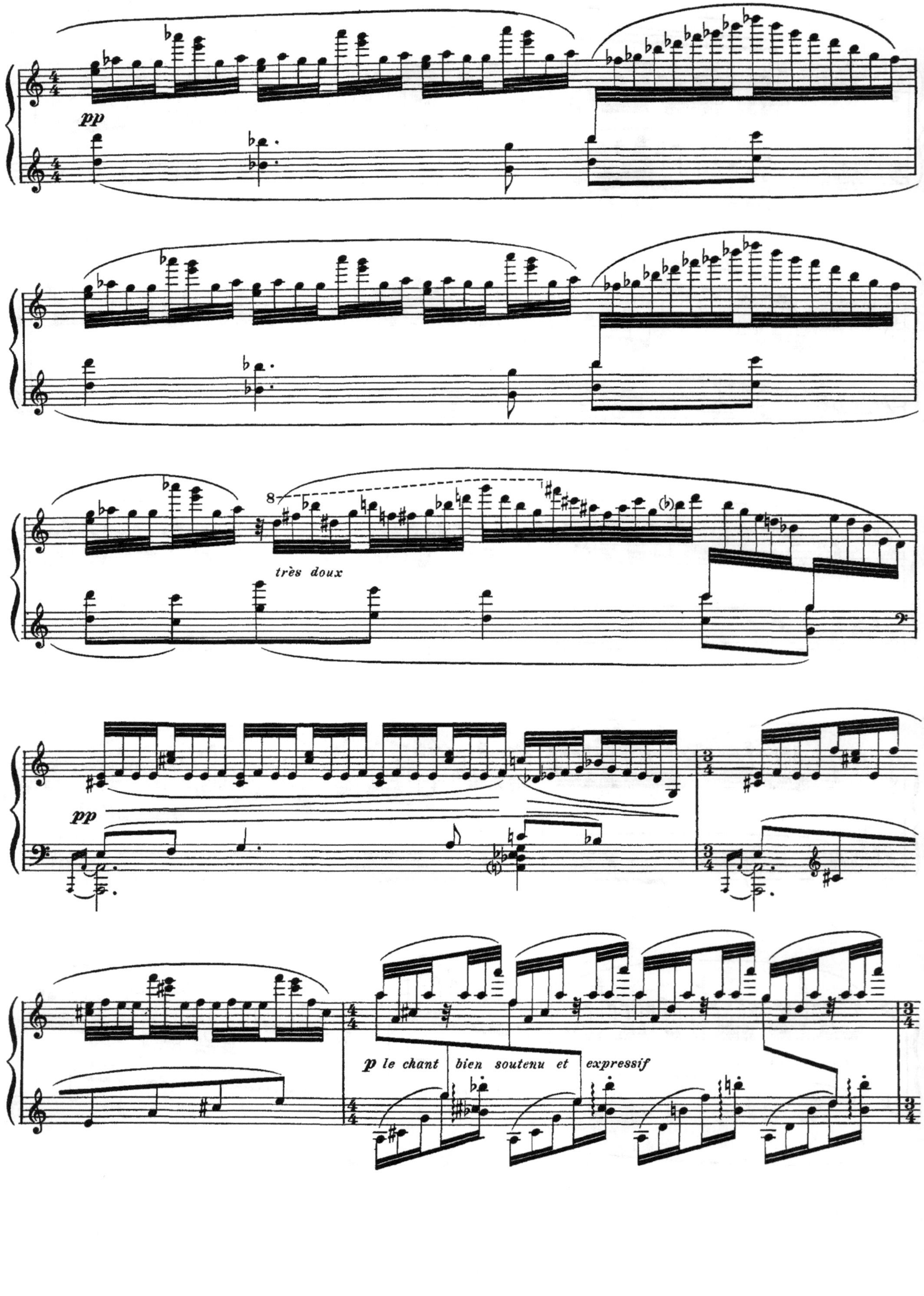
pp
8
très doux
pp
p le chant bien soutenu et expressif

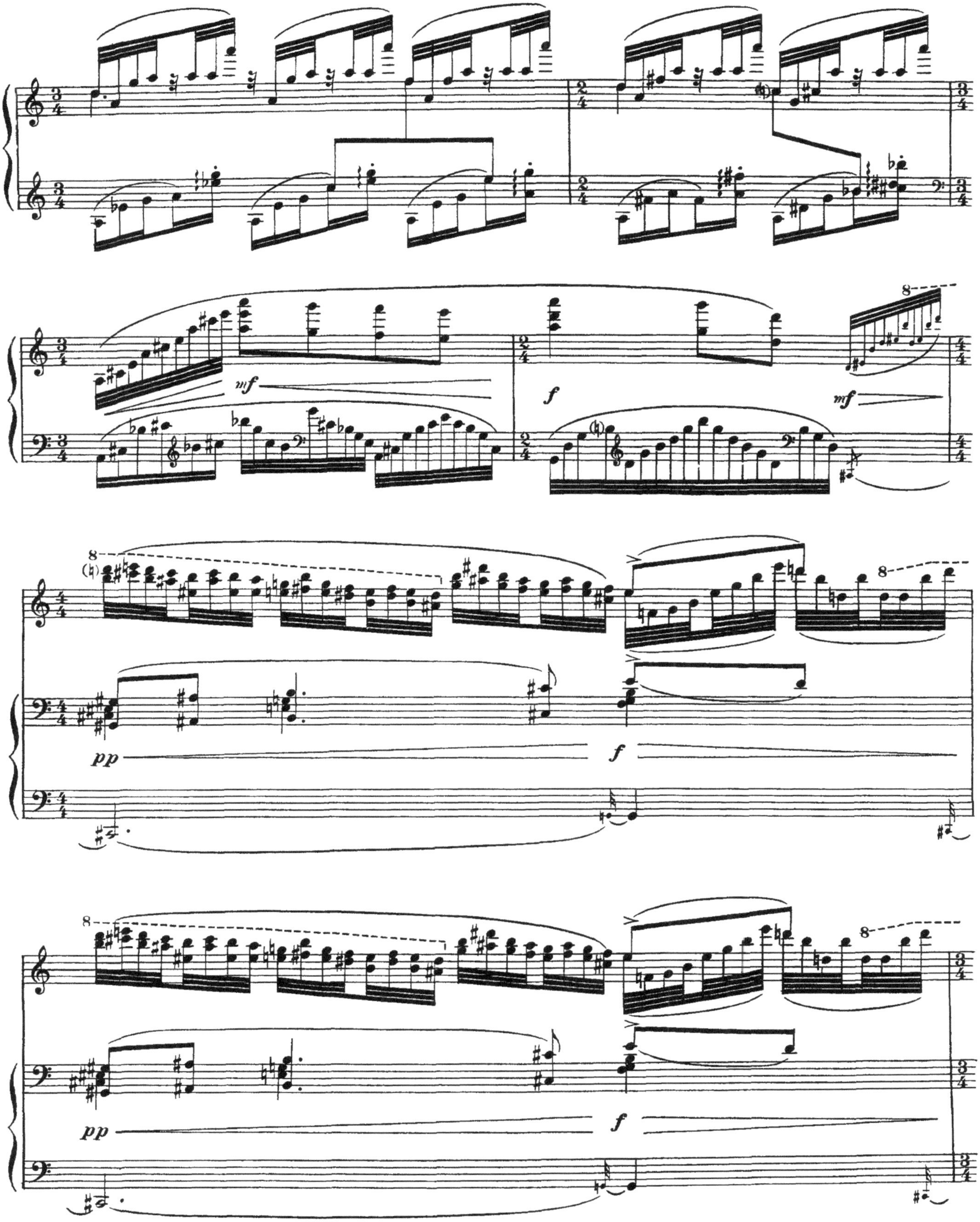
mf
f
mf
pp
f
pp
f

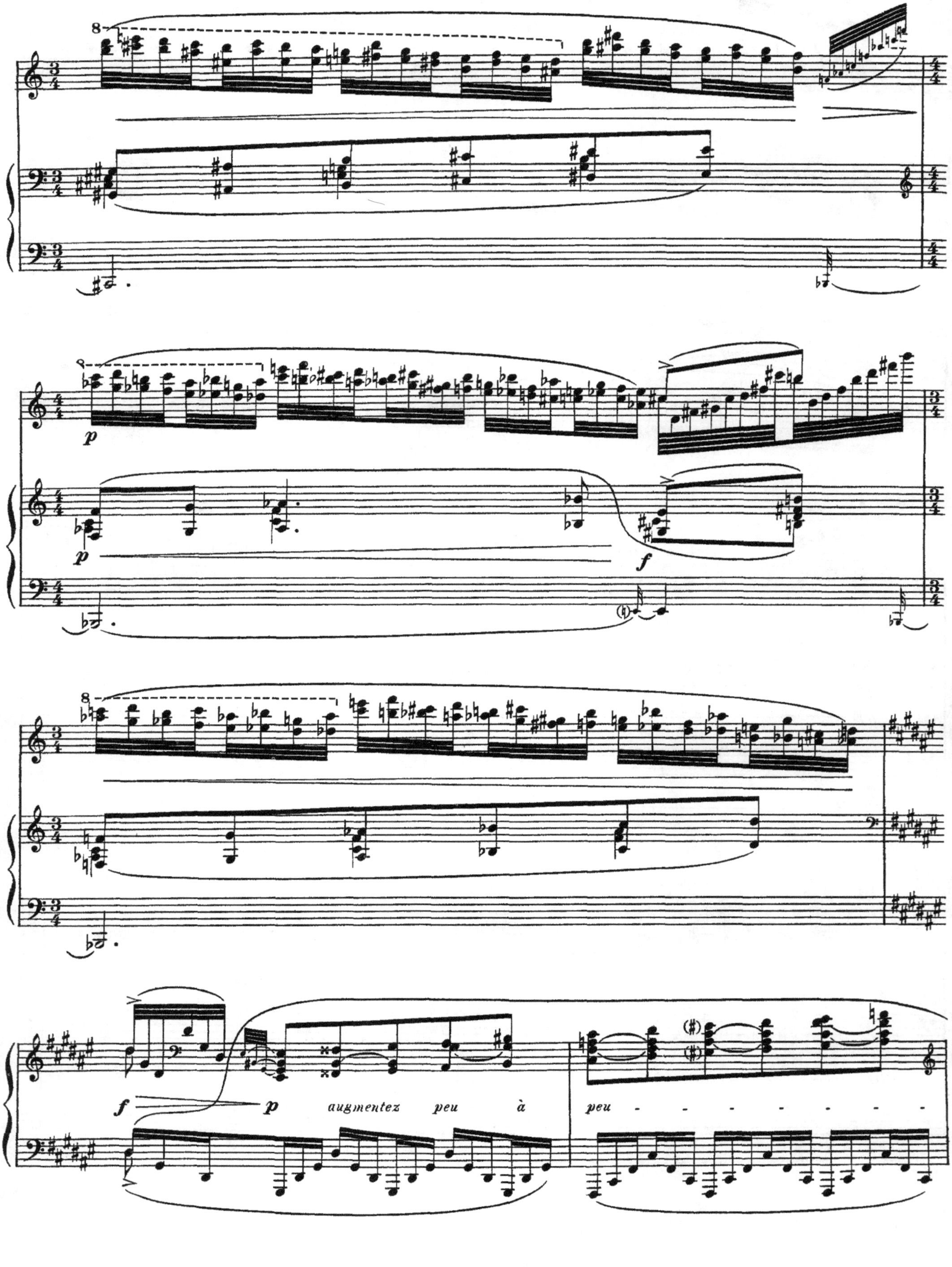
p
p
f
f
p
augmentez
peu
à
peu

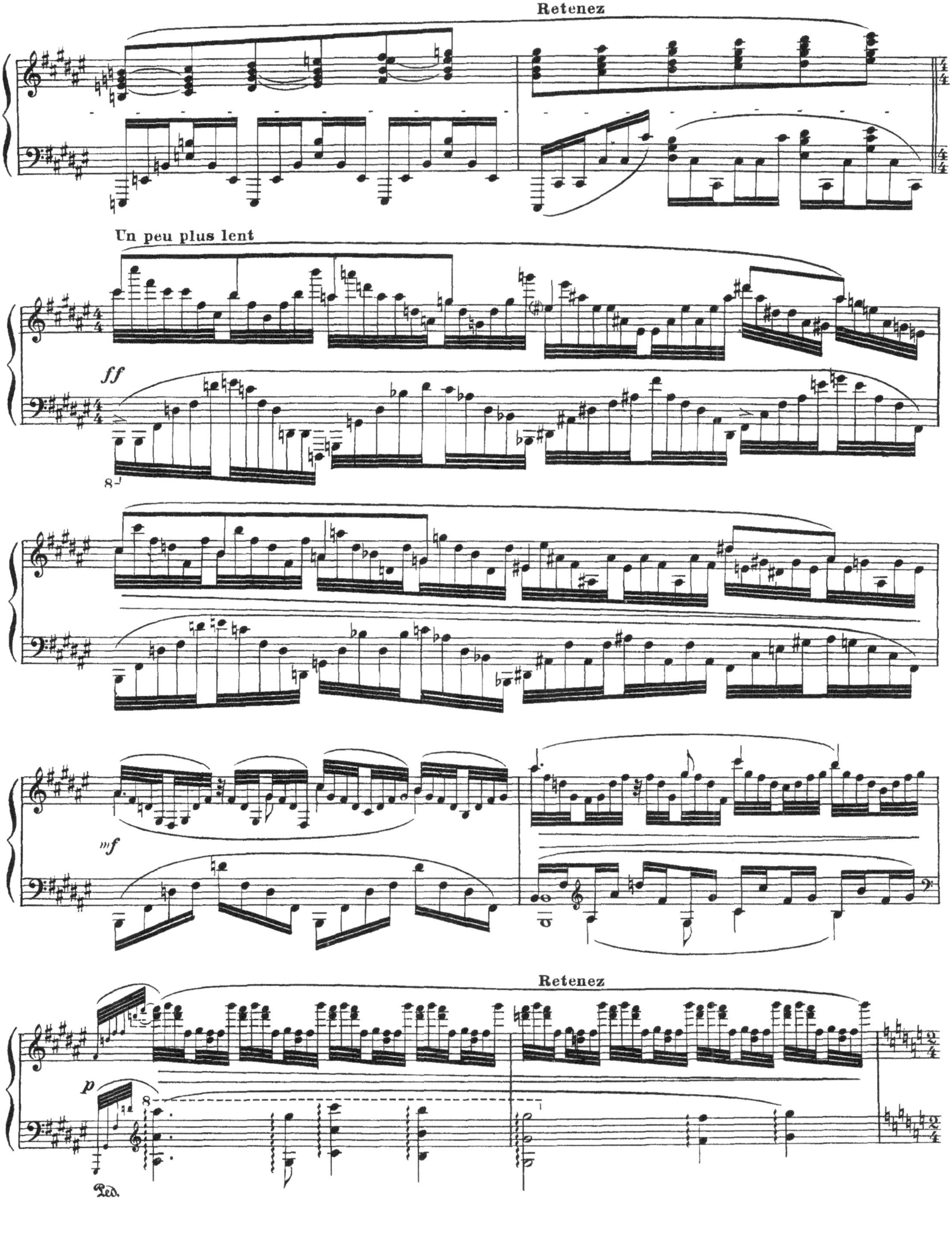
Retenez
Un peu plus lent
ff
mf
p
Retenez
Ped.

Encore plus lent
le plus p possible
glissando
toujours ppp
glissando
au Mouv (Un peu plus lent qu'au début)
glissando
ppp
un peu en dehors

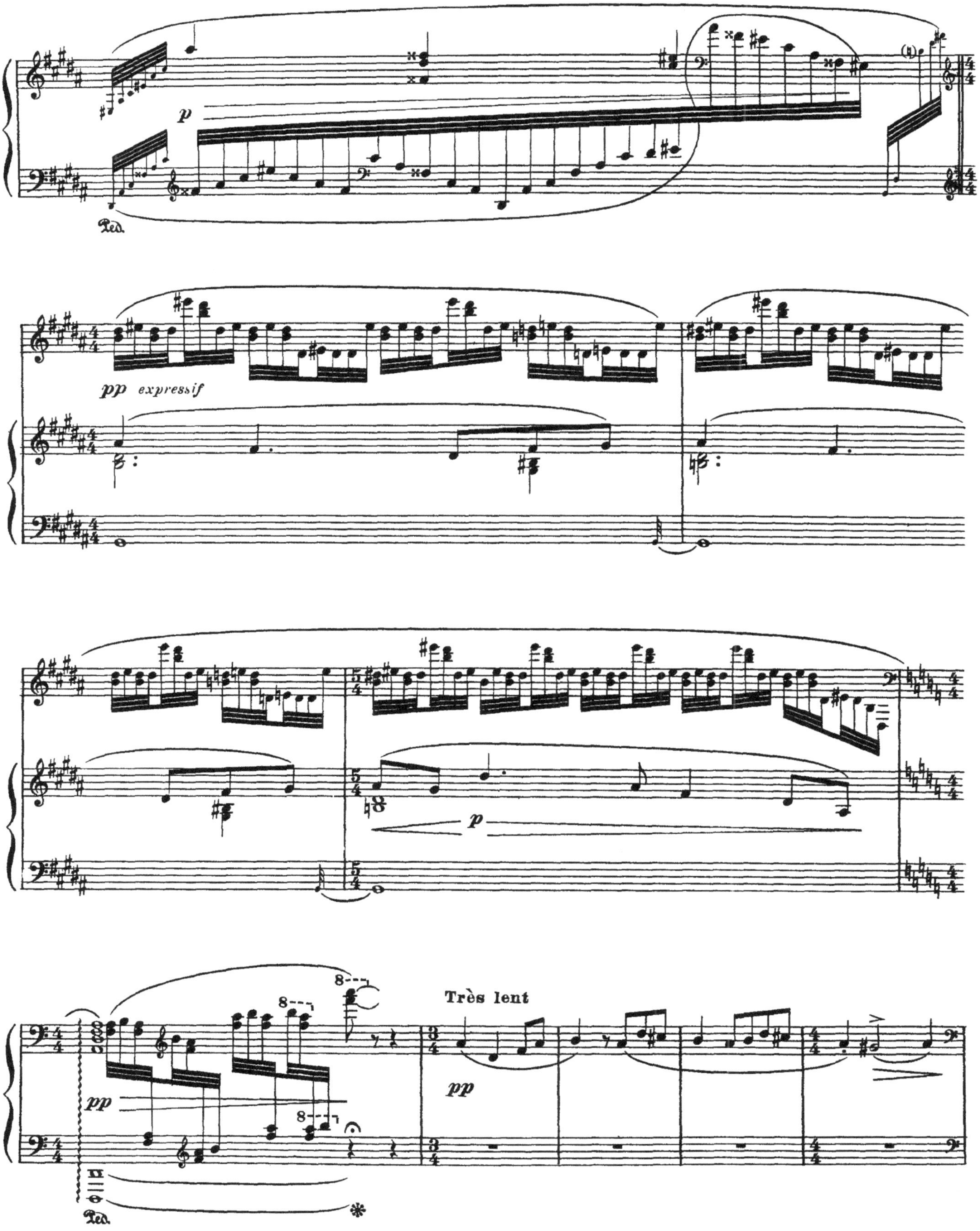
p
Ped.
pp expressif
p
8
Très lent
pp
Ped.

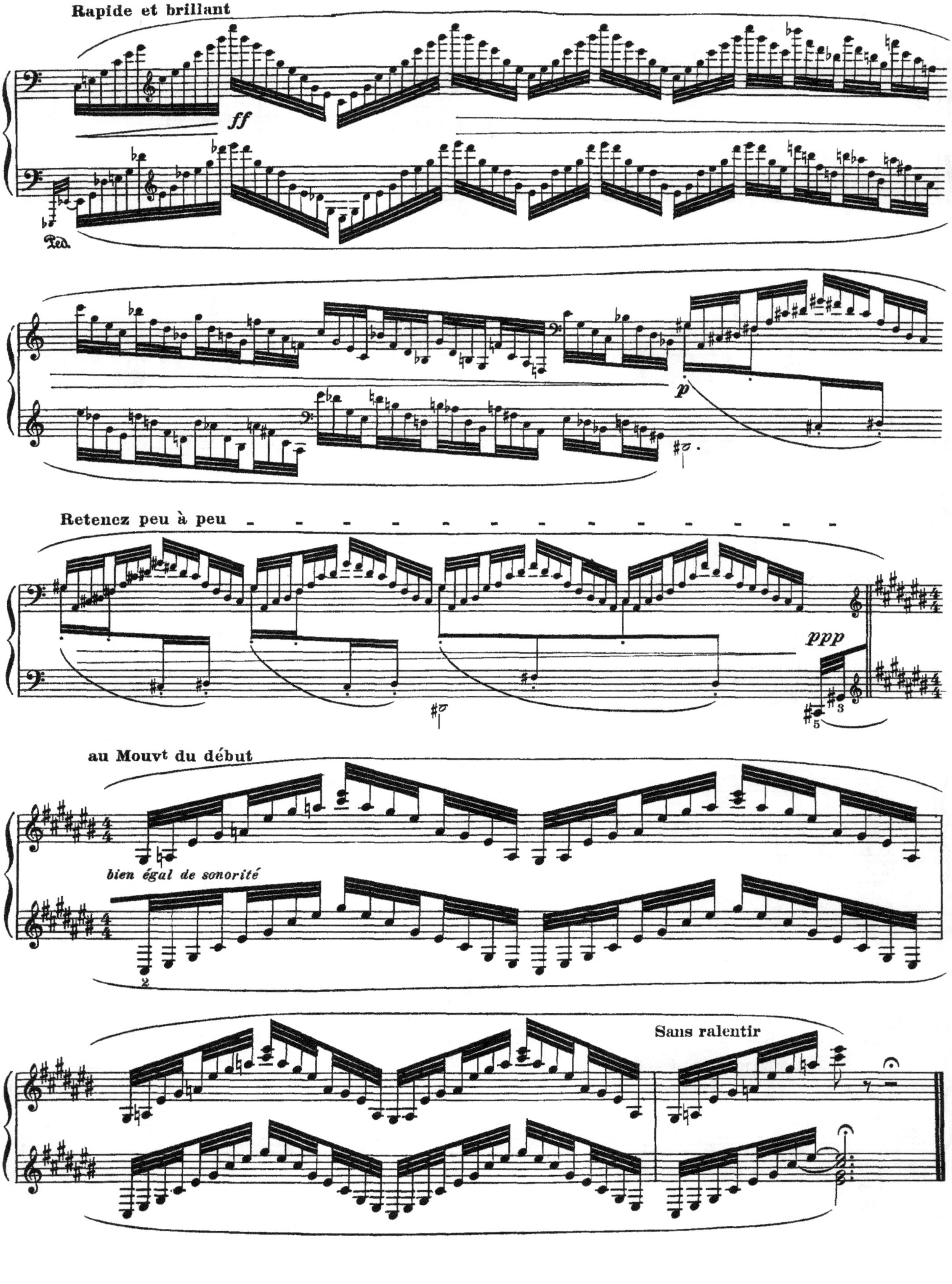
Rapide et brillant
ff
Ped.
p
Retenez peu à peu
ppp
au Mouvt du début
bien égal de sonorité
Sans ralentir

II. Le Gibet

Que vois-je remuer autour de ce Gibet? — Faust

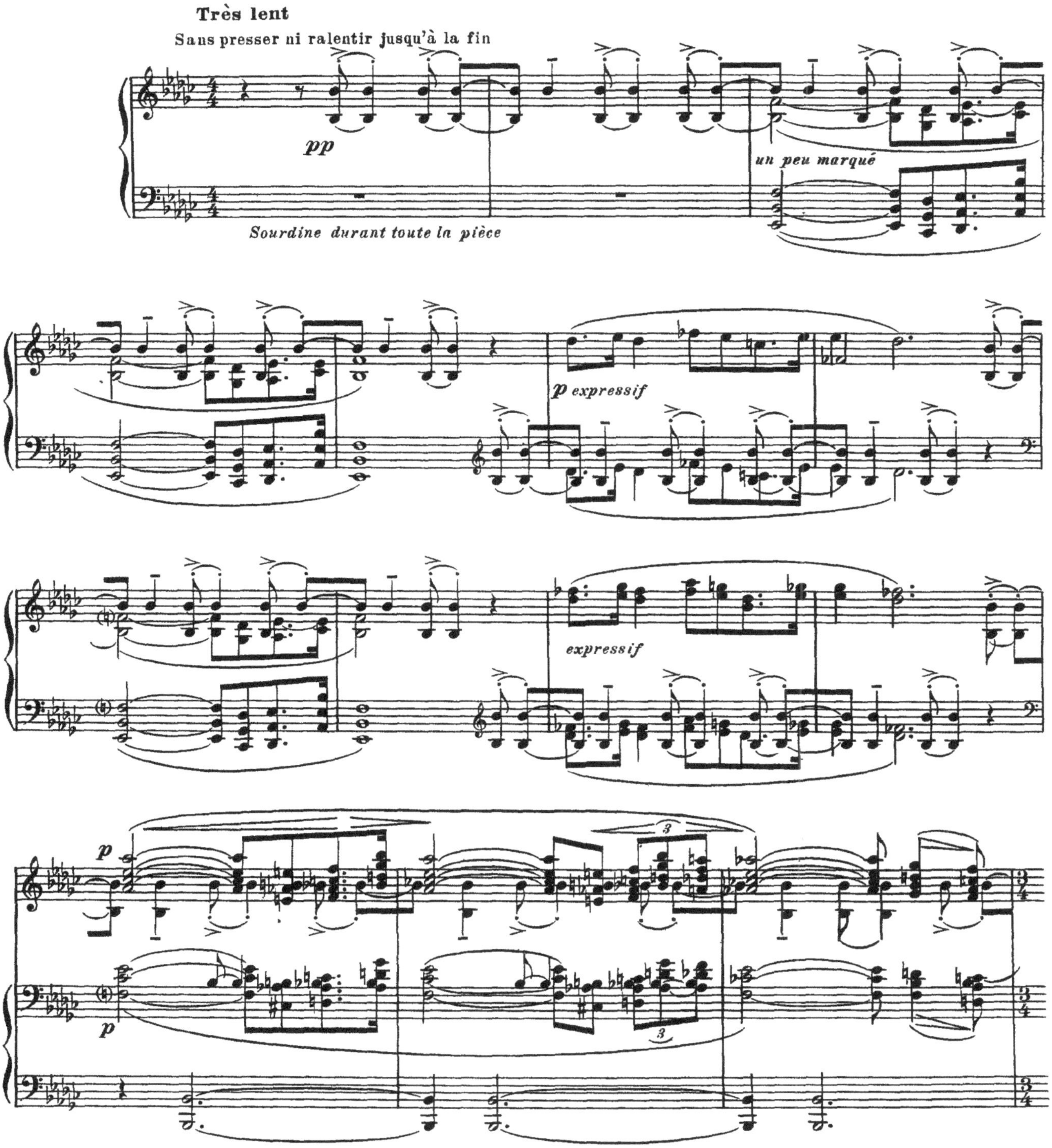

mf
m.d.
pp
m.g.
ppp très lié
8
un peu en dehors
m.d.
m.g.
ppp très lié
8
toujours ppp
m.d.
m.g.
m.d.
un peu marqué
m.d.
p

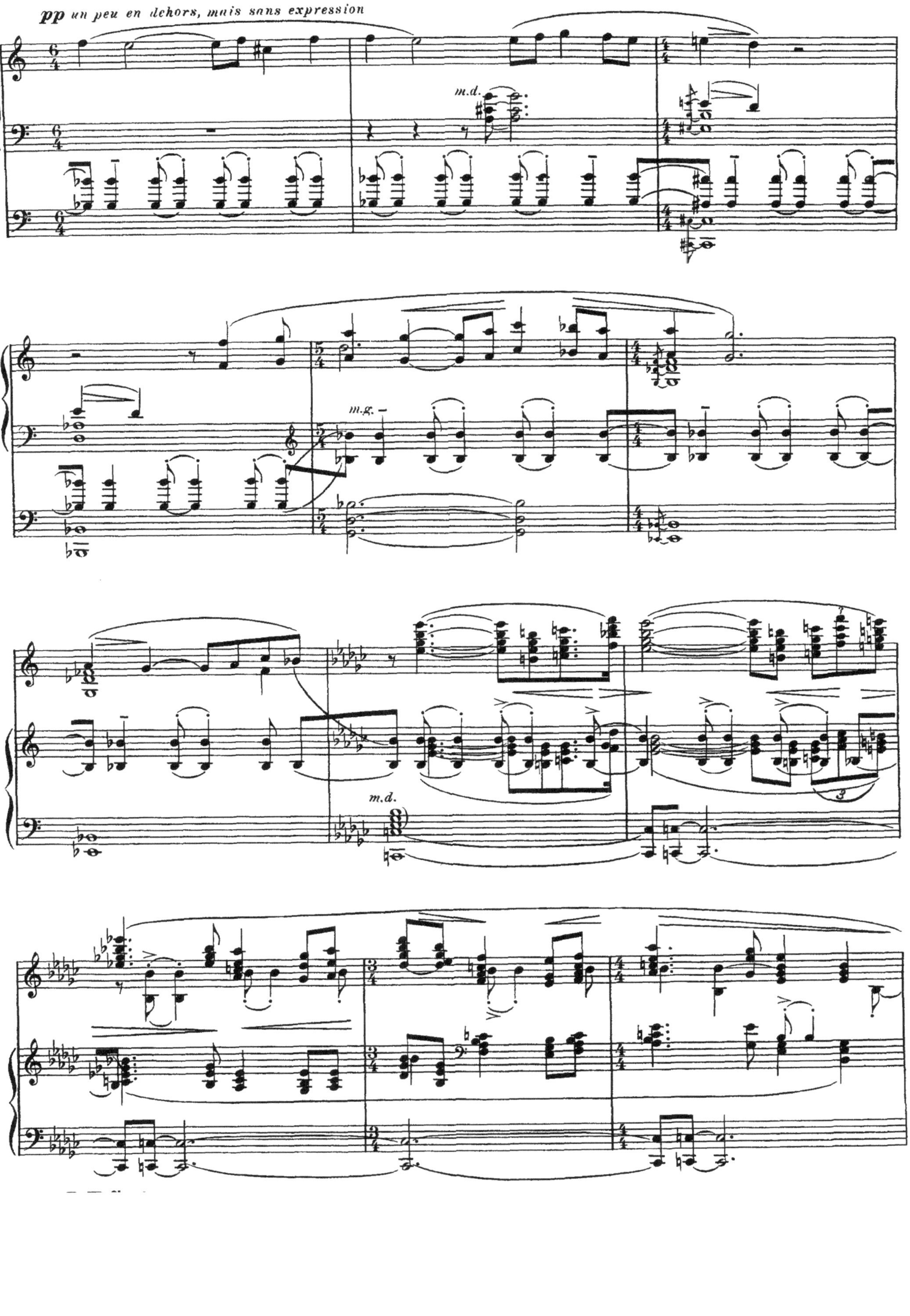
pp un peu en dehors, mais sans expression
m.d.
m.g.
m.d.

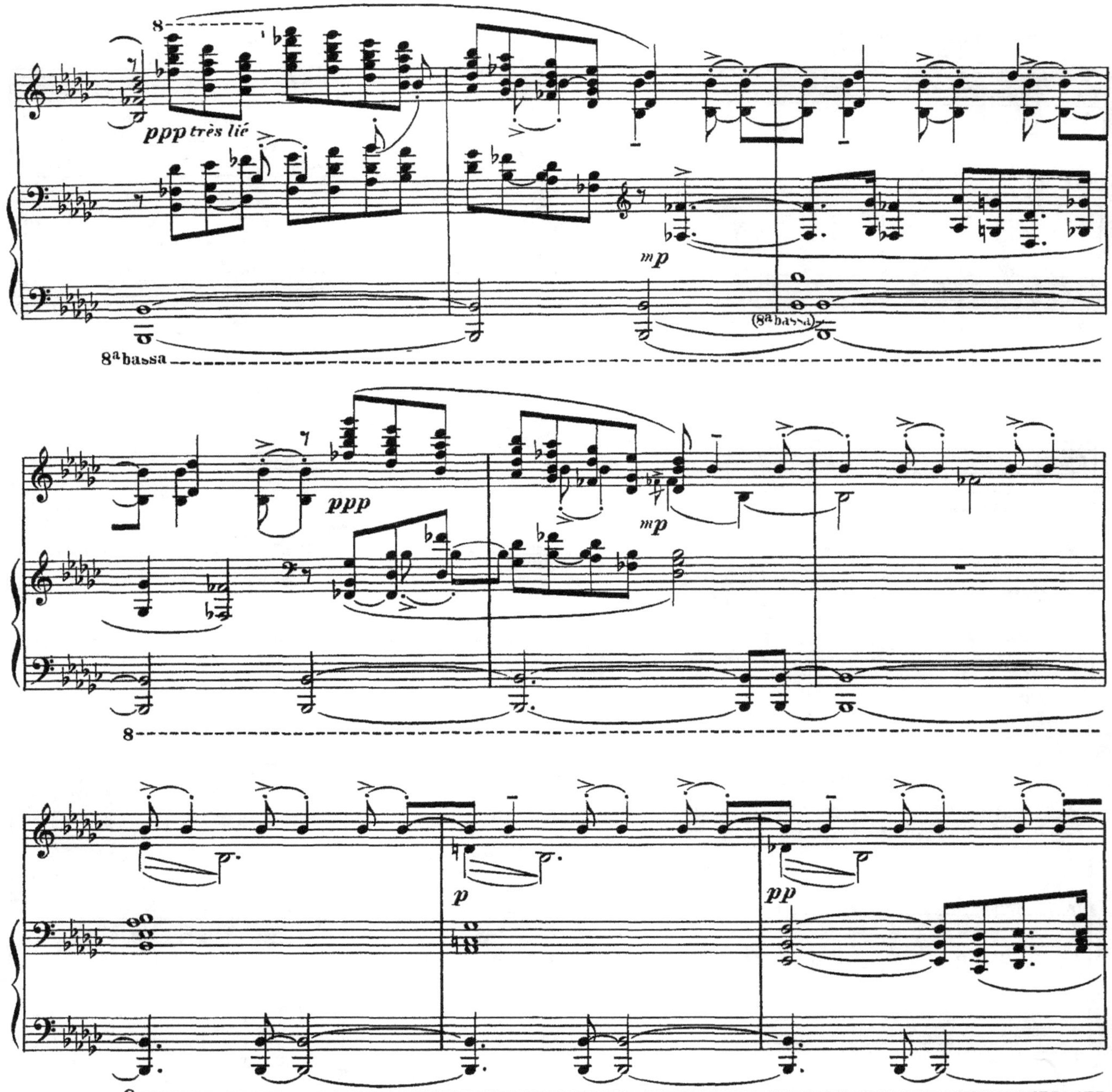
8
ppp très lié
mp
8a bassa
(8a bassa)
ppp
mp
8
p
pp
8
ppp
8

III. Scarbo

Il regarda sous le lit, dans la cheminée, dans le bahut - personne. Il ne
put compendre par où il s'était évadé. —Hoffman, Contes nocturnes

au Mouvt (Vif)
mf
ff
mf
Ped.
Ped.
Sans ralentir
p
2 Ped.
pp
un peu marqué
pp
f
2 Ped.

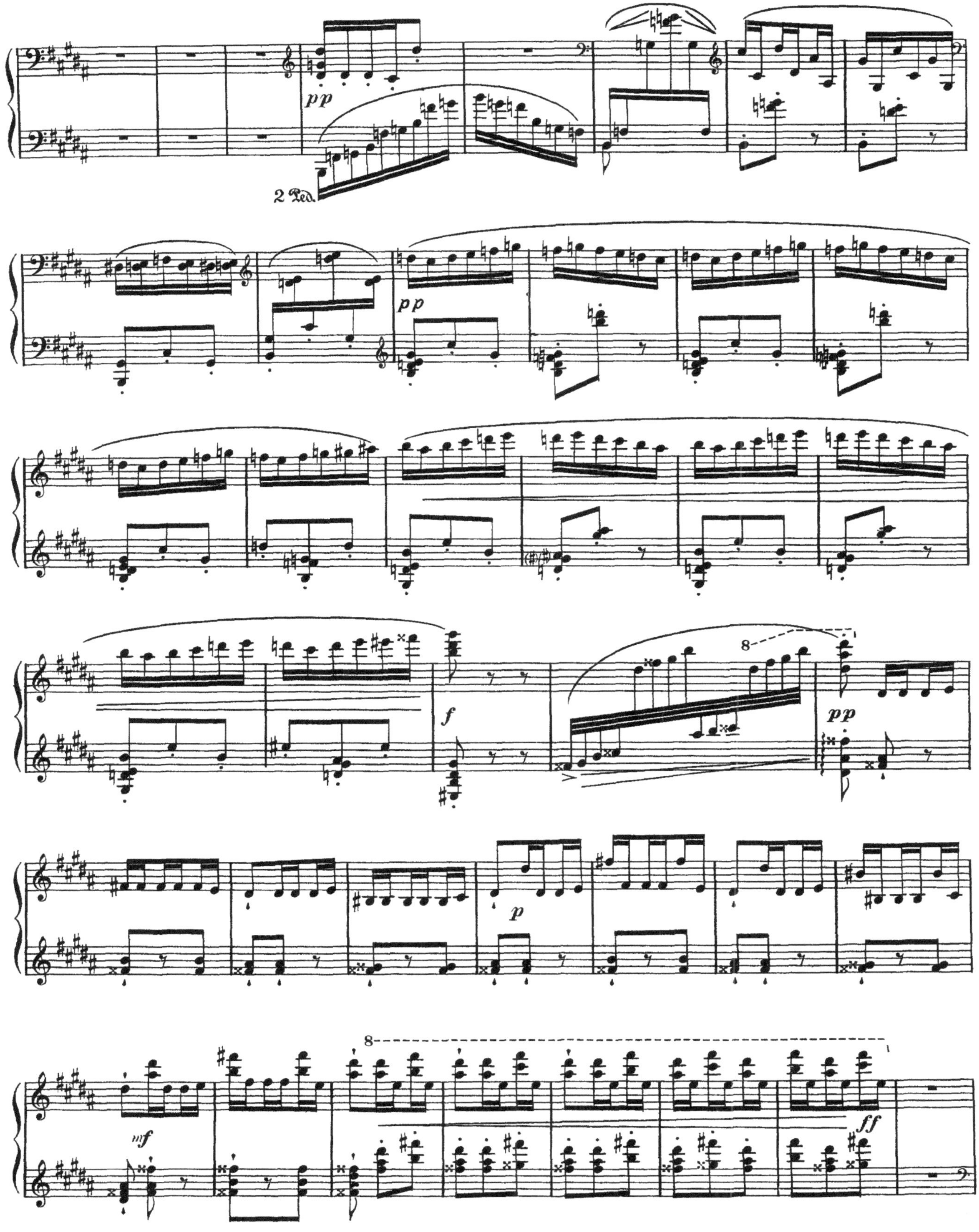
pp
2 Ped.
pp
f
8
pp
p
mf
8
ff

mf
ff
p
dim.
Ped.
8
pp
sourdine
ppp très fondu et bien égal de sonorité
pp
ppp
pp
ppp

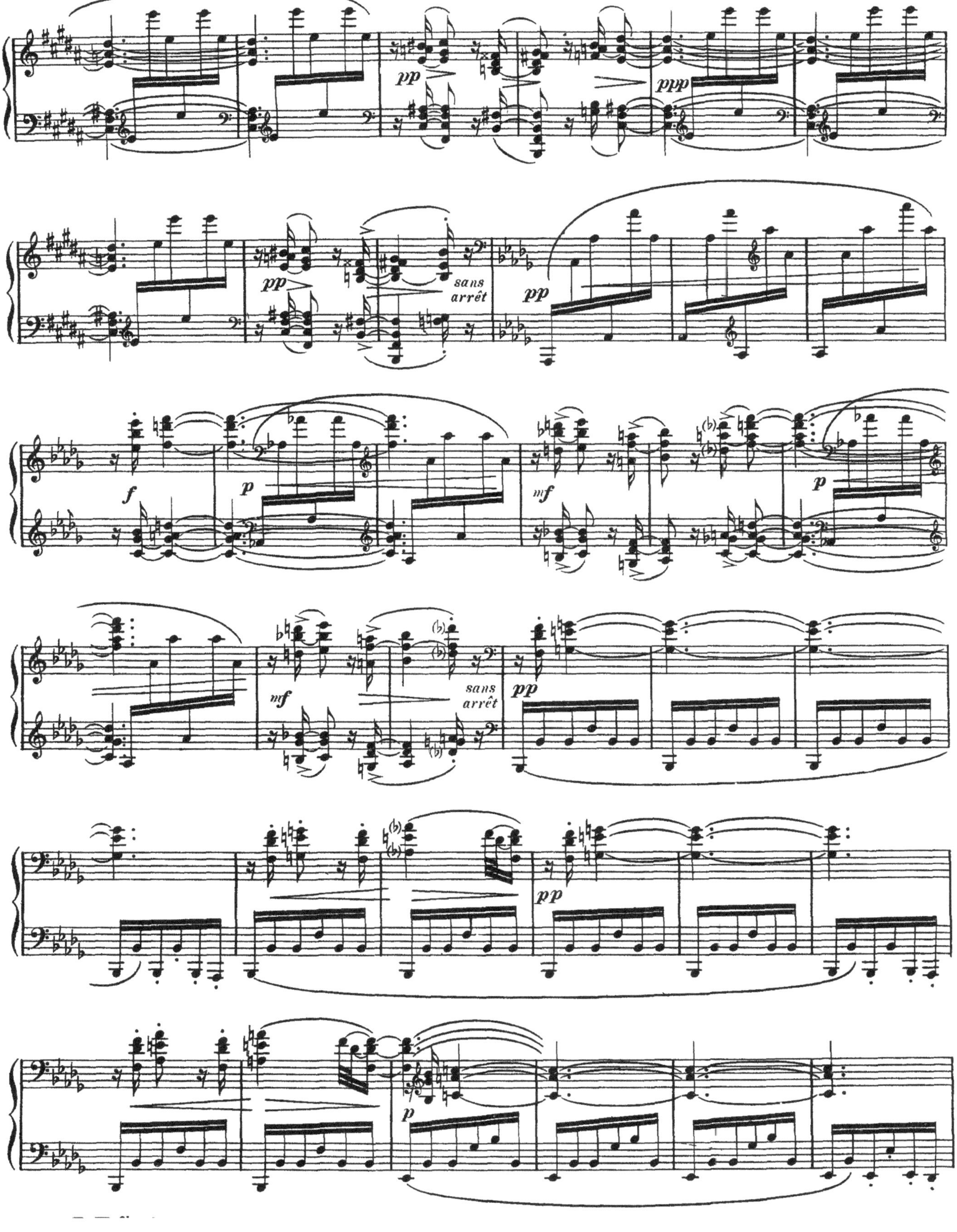
pp
ppp
pp
sans arrêt
pp
f
p
mf
p
mf
sans arrêt
pp
pp
p

22

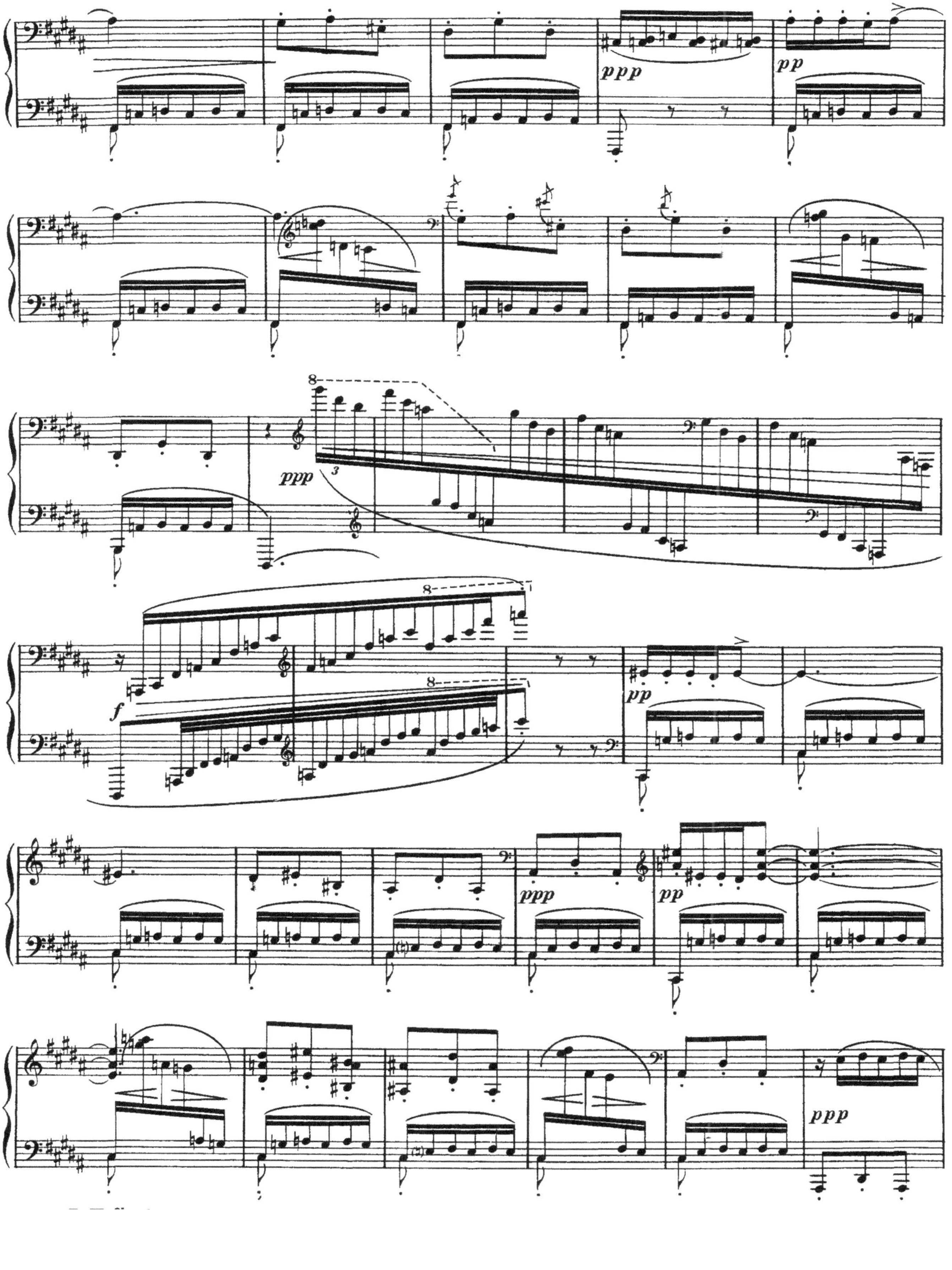
ppp
pp
ppp
f
8
pp
ppp
pp
ppp

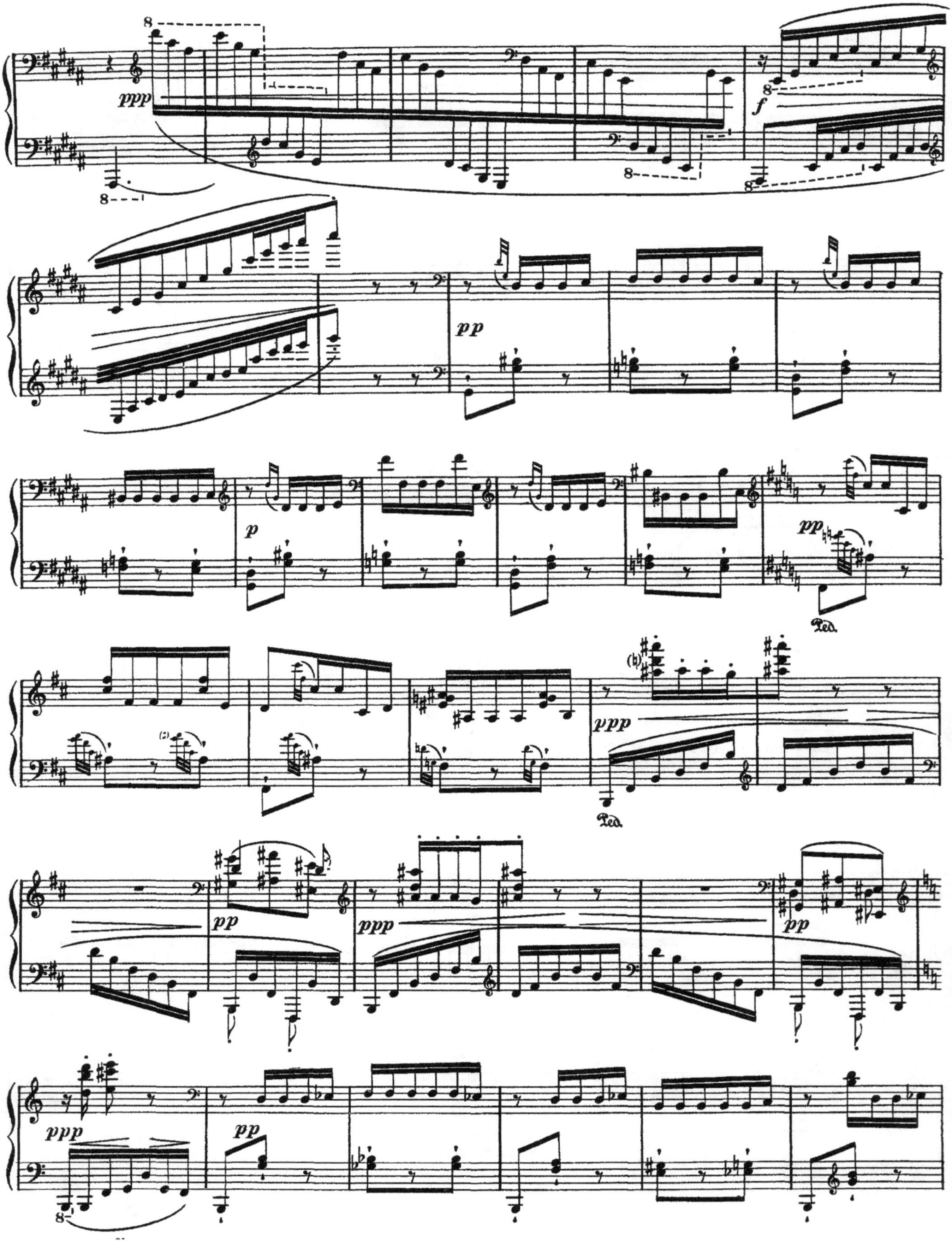

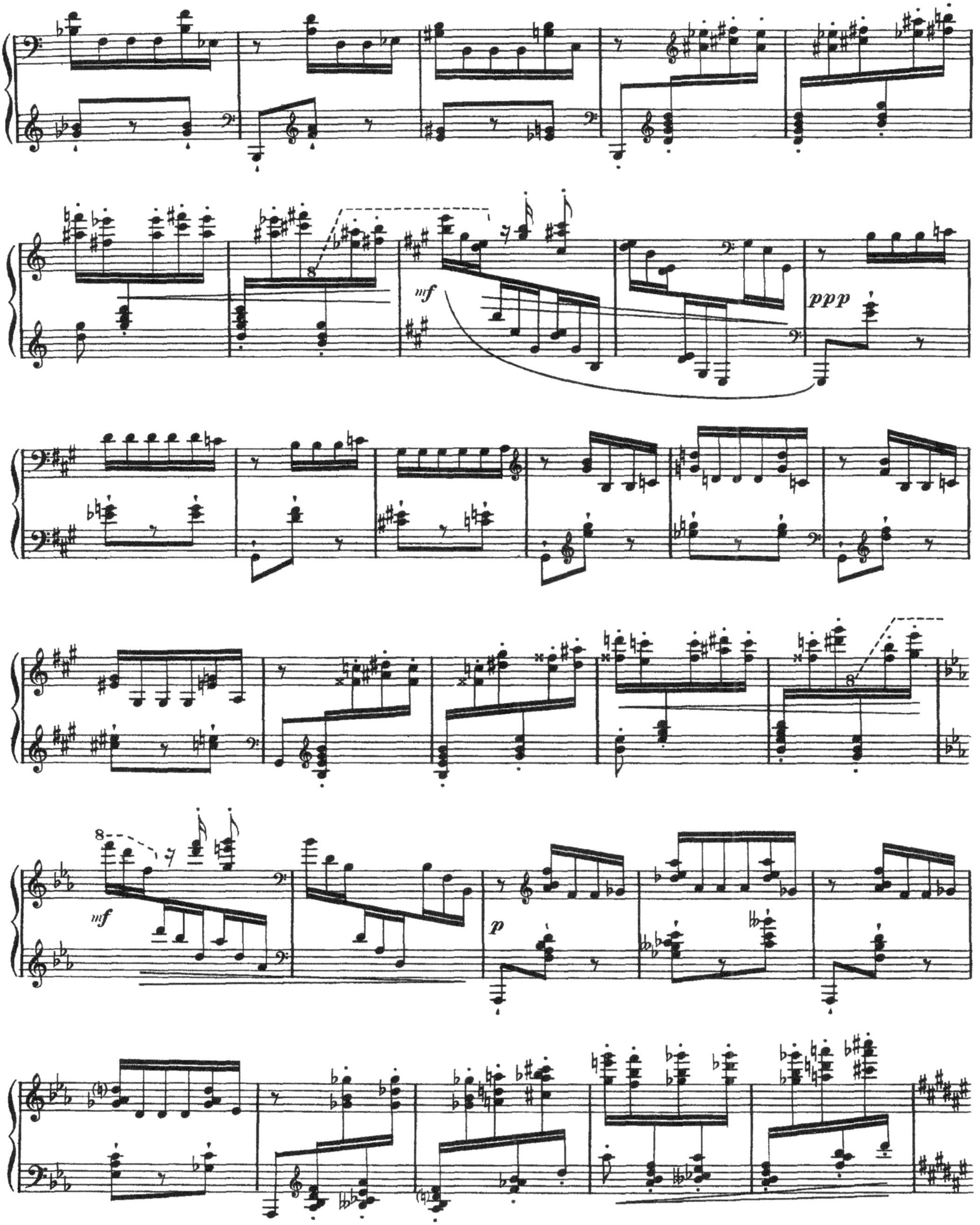
8
mf
ppp
8
8
mf
p

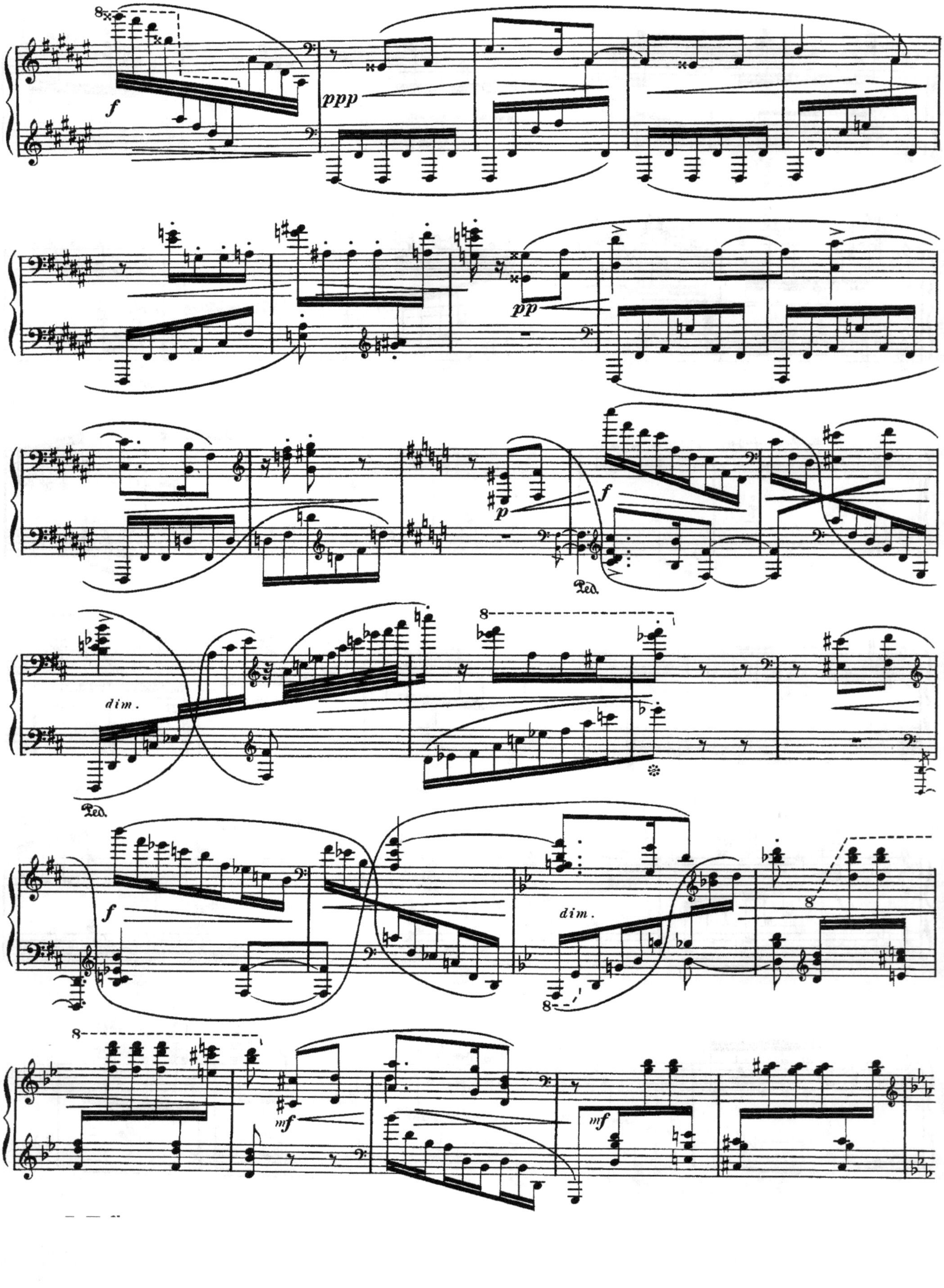
f
ppp
pp
f
p
Ped.
dim.
Ped.
f
dim.
mf
mf

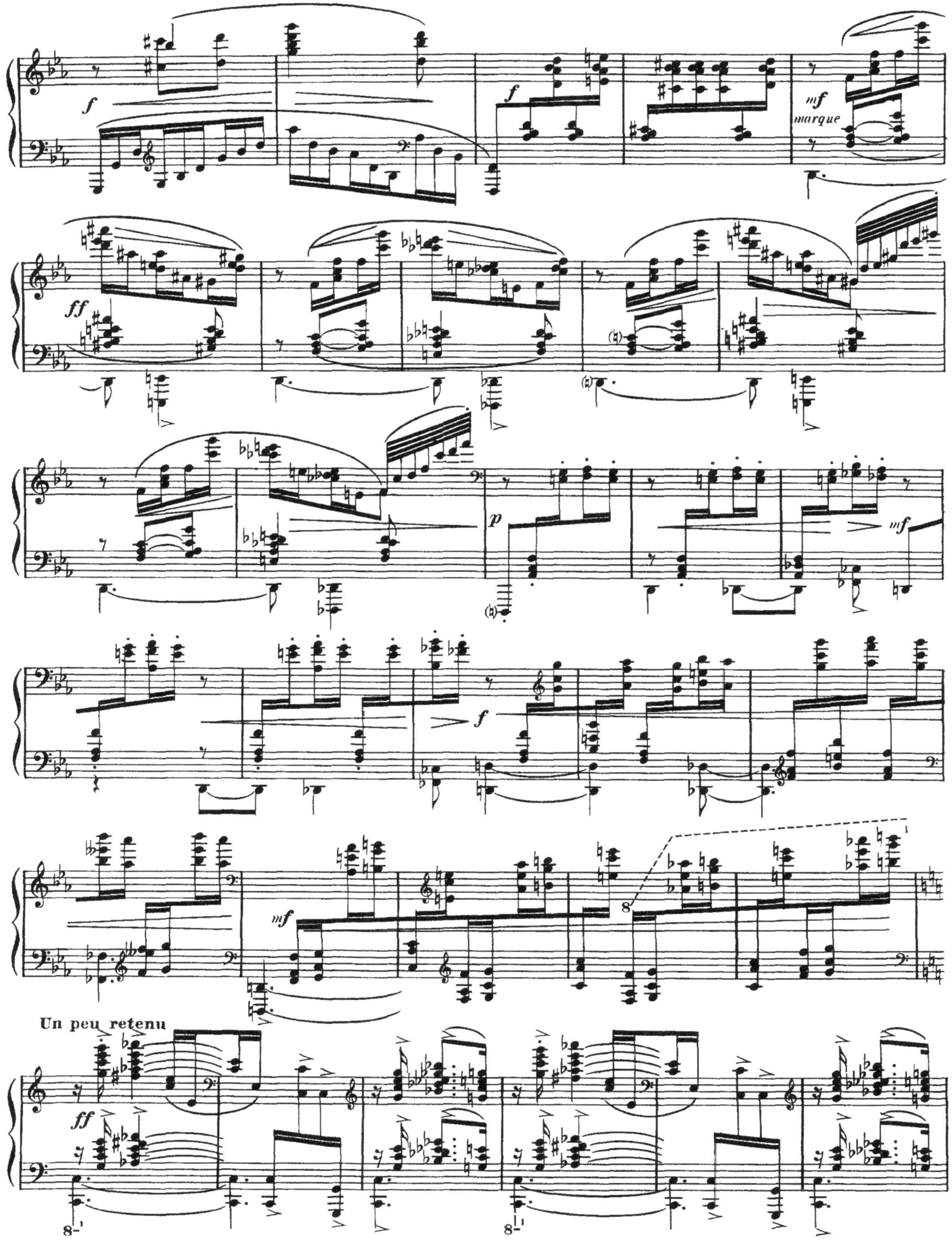
f
mf
marque
ff
p
mf
f
mf
8
Un peu retenu
ff
8
8

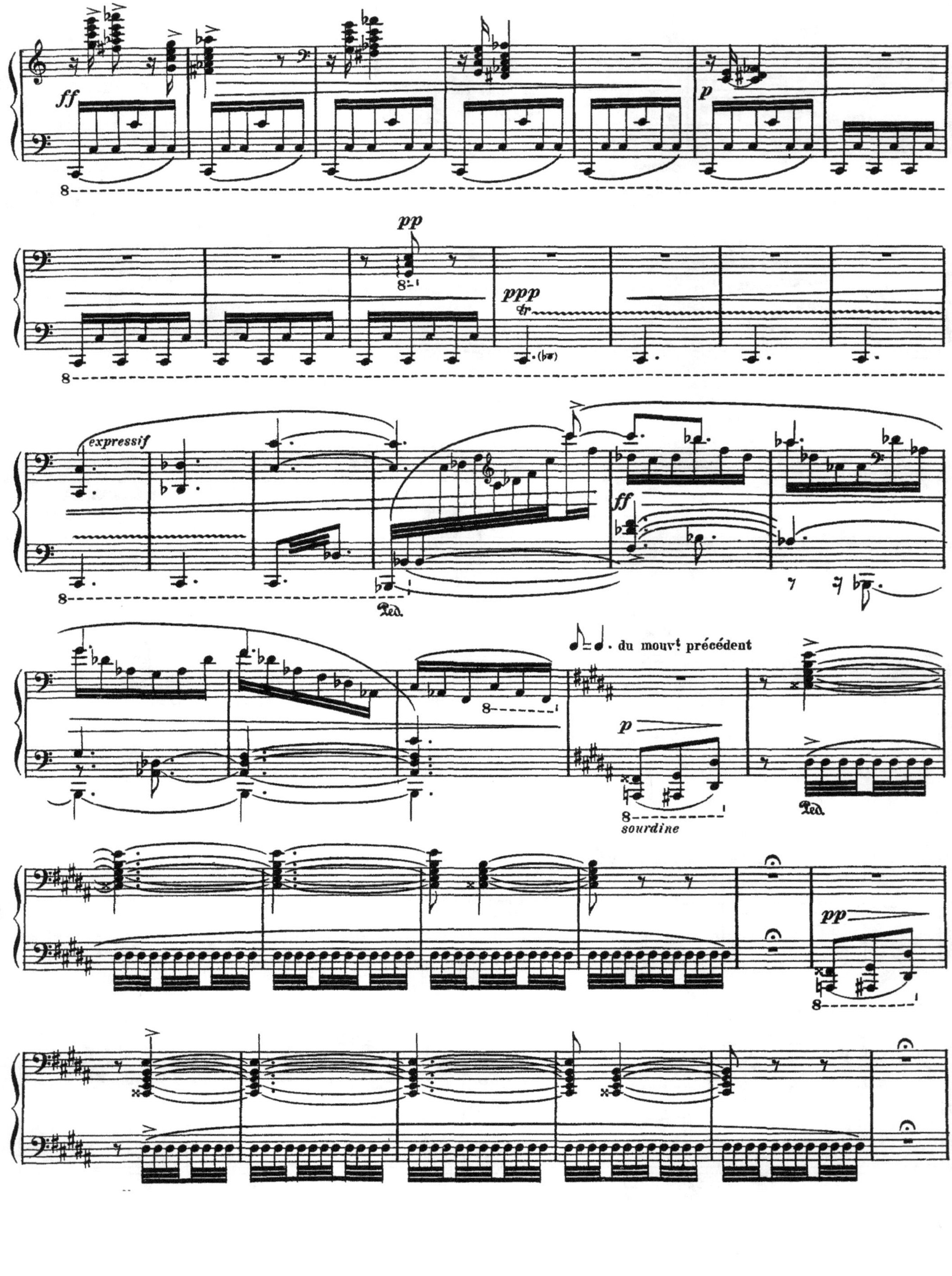
ff
p
pp
ppp
expressif
ff
du mouvt. précédent
p
sourdine
pp

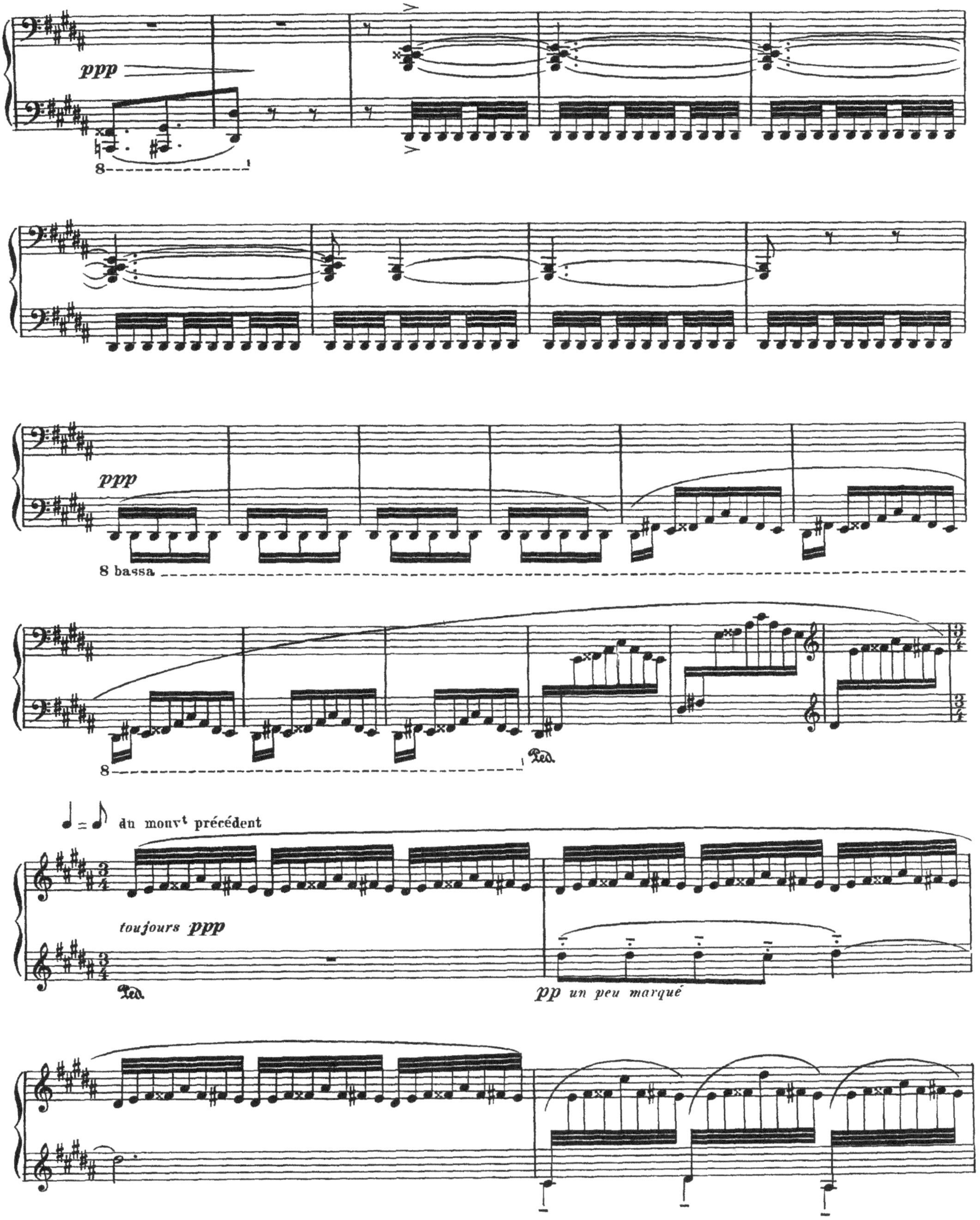
ppp
ppp
8 bassa
Ped.
♩ = ♪ du mouvᵗ précédent
toujours ppp
Ped.
pp un peu marqué

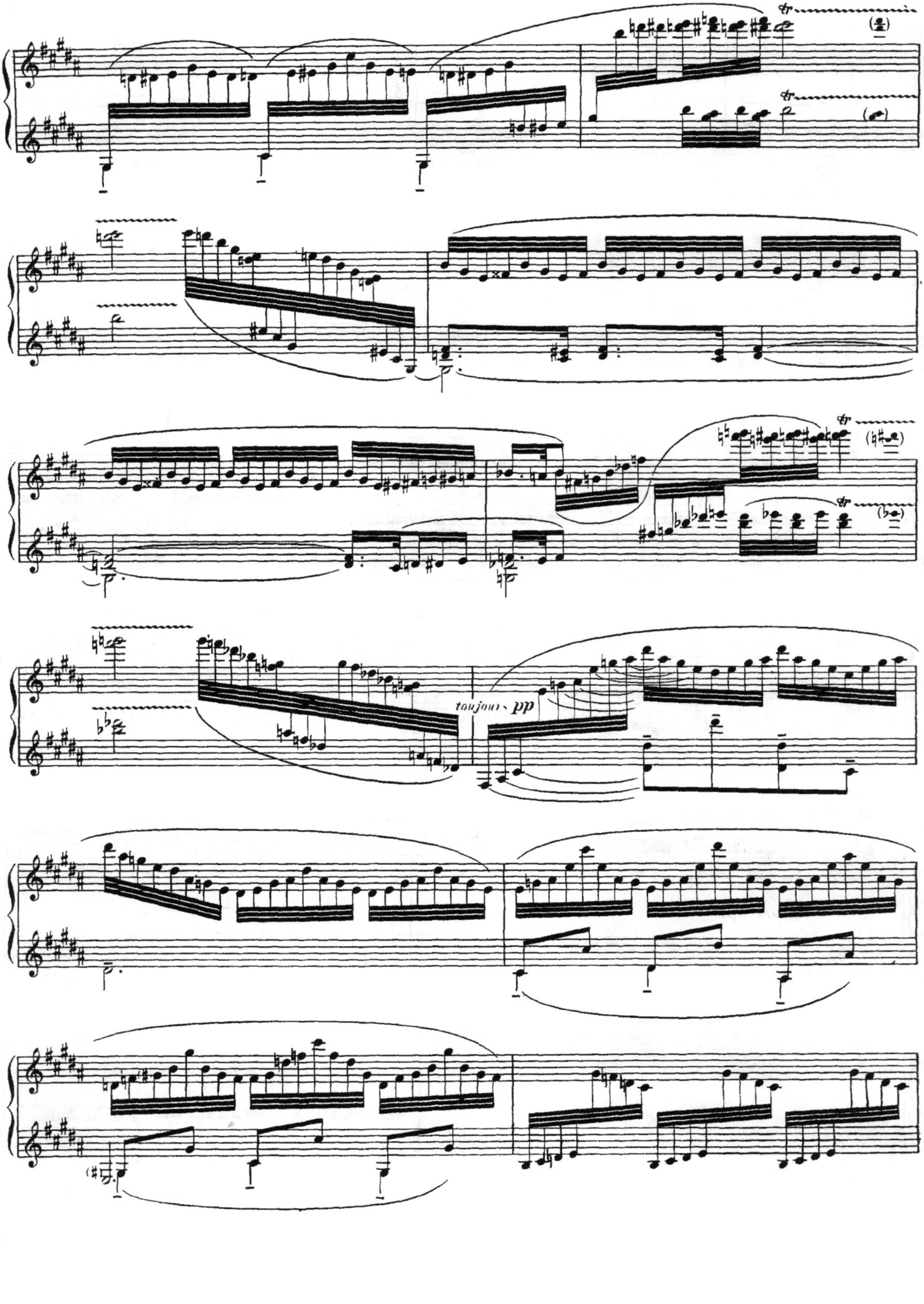
pp

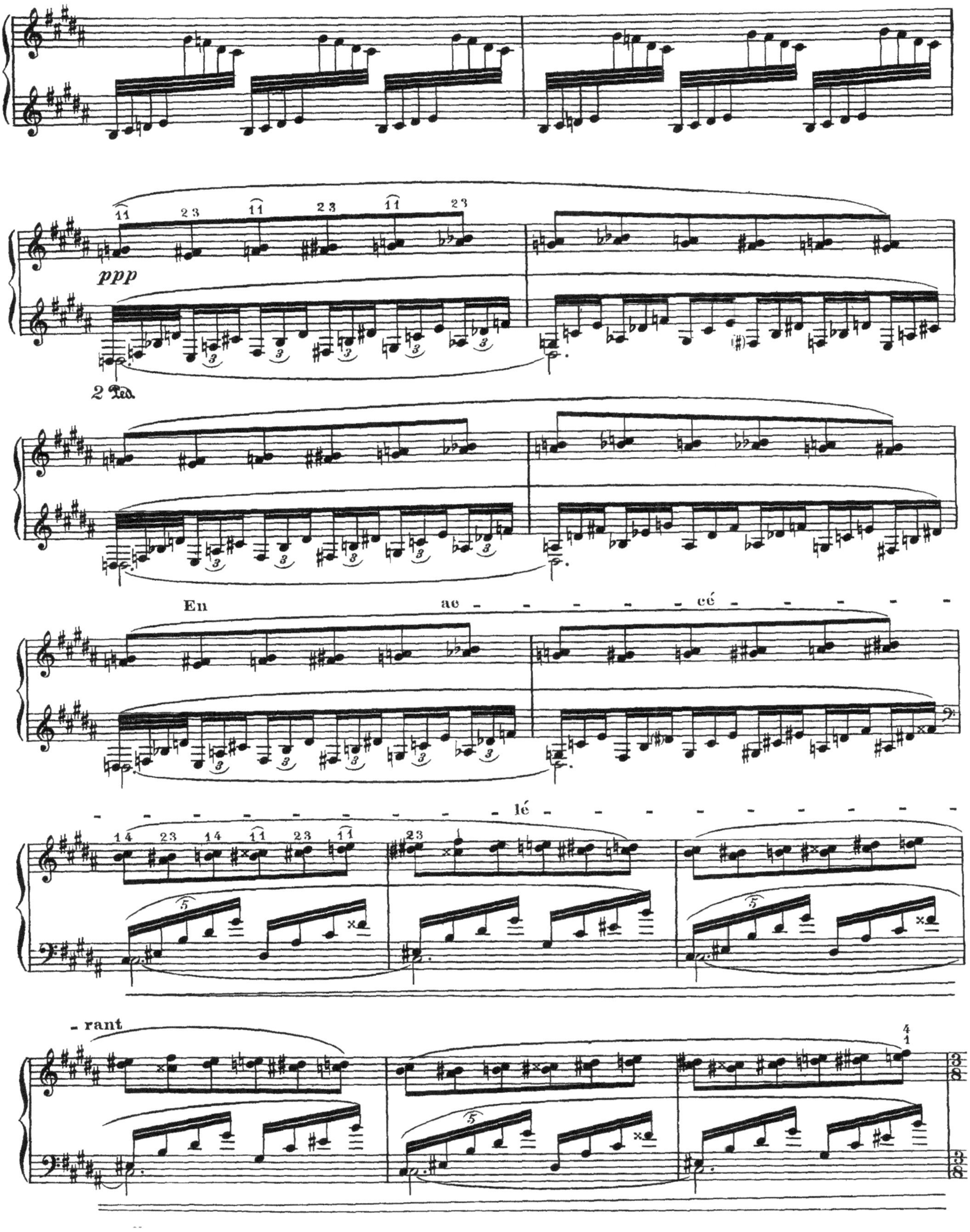
ppp
2 Ped.
En ac - cé - lé - rant

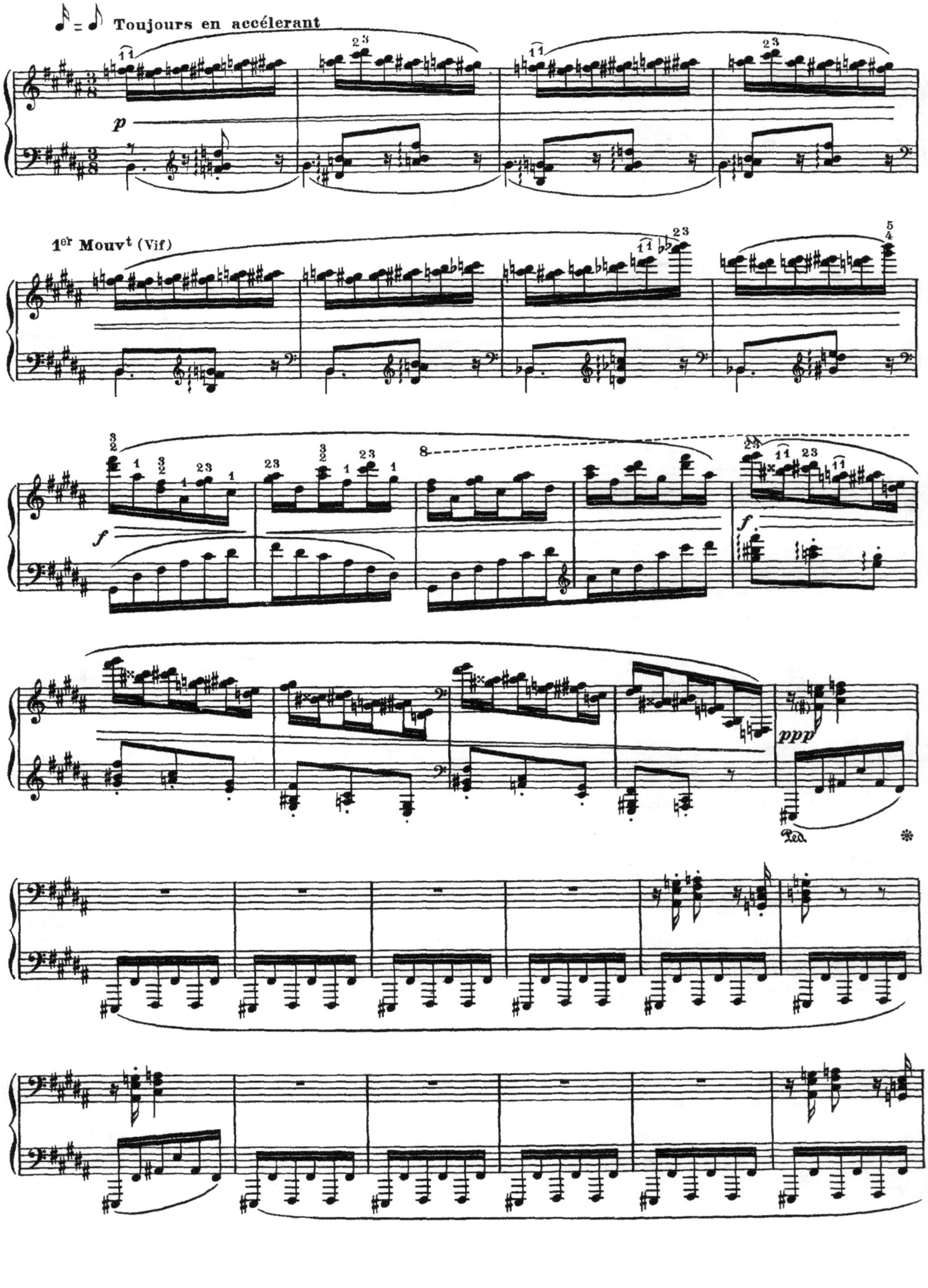
Toujours en accélerant
p
1er Mouvt (Vif)
f
8
f
ppp
Ped.

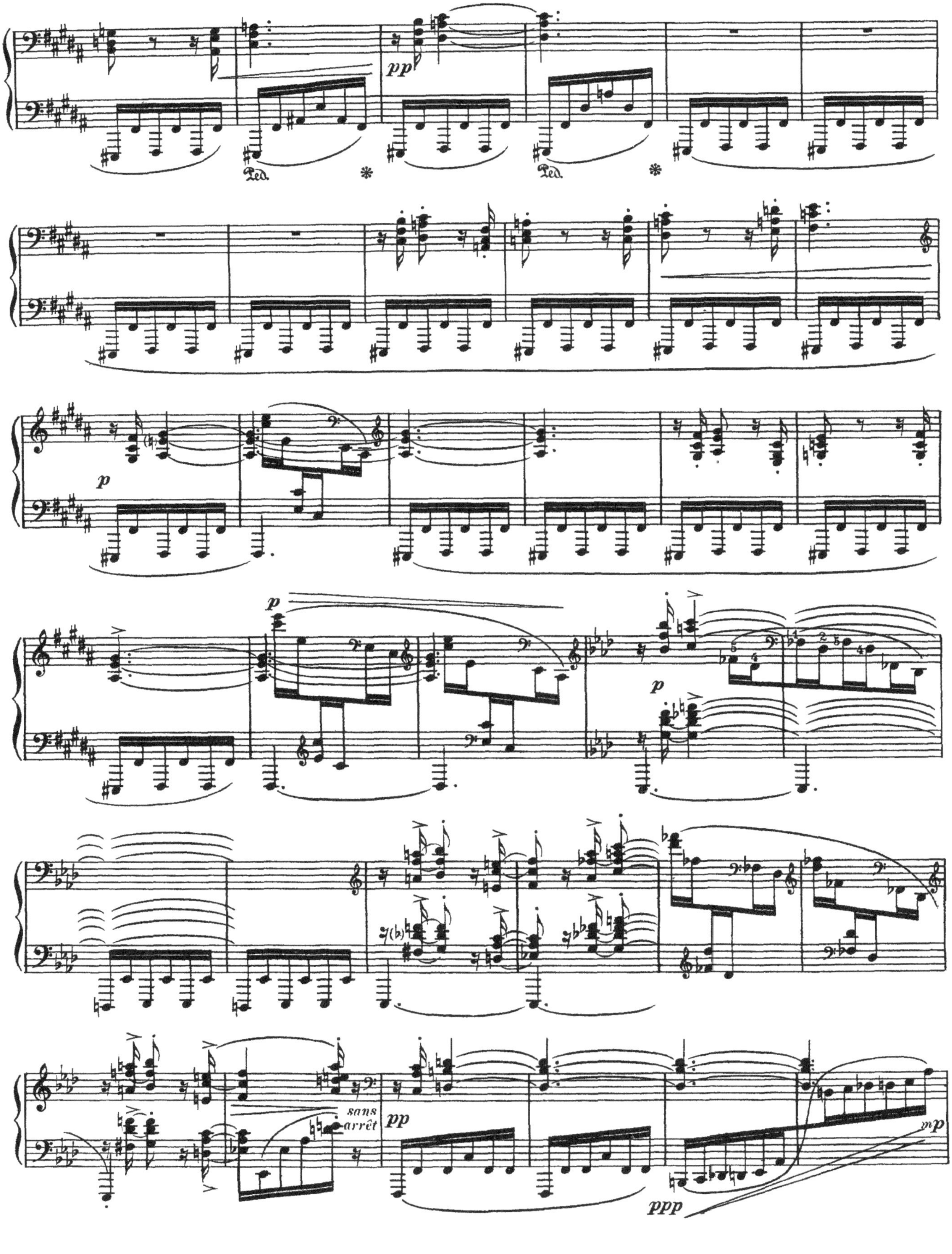
pp
Ped.
Ped.
p
p
p
sans arrêt
pp
ppp
mp

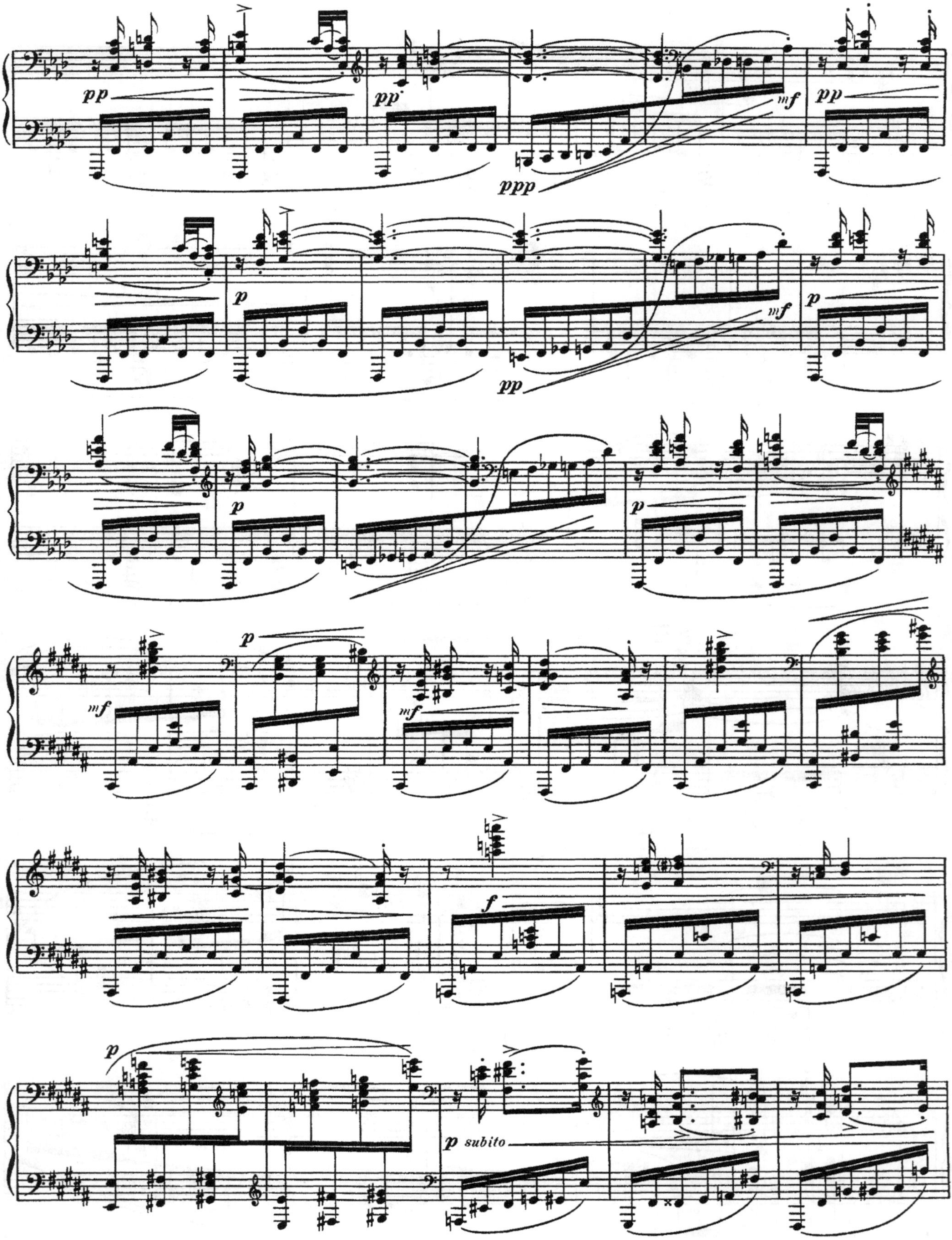
pp
pp
mf
pp
ppp
p
mf
p
pp
p
p
mf
p
mf
f
p
p subito

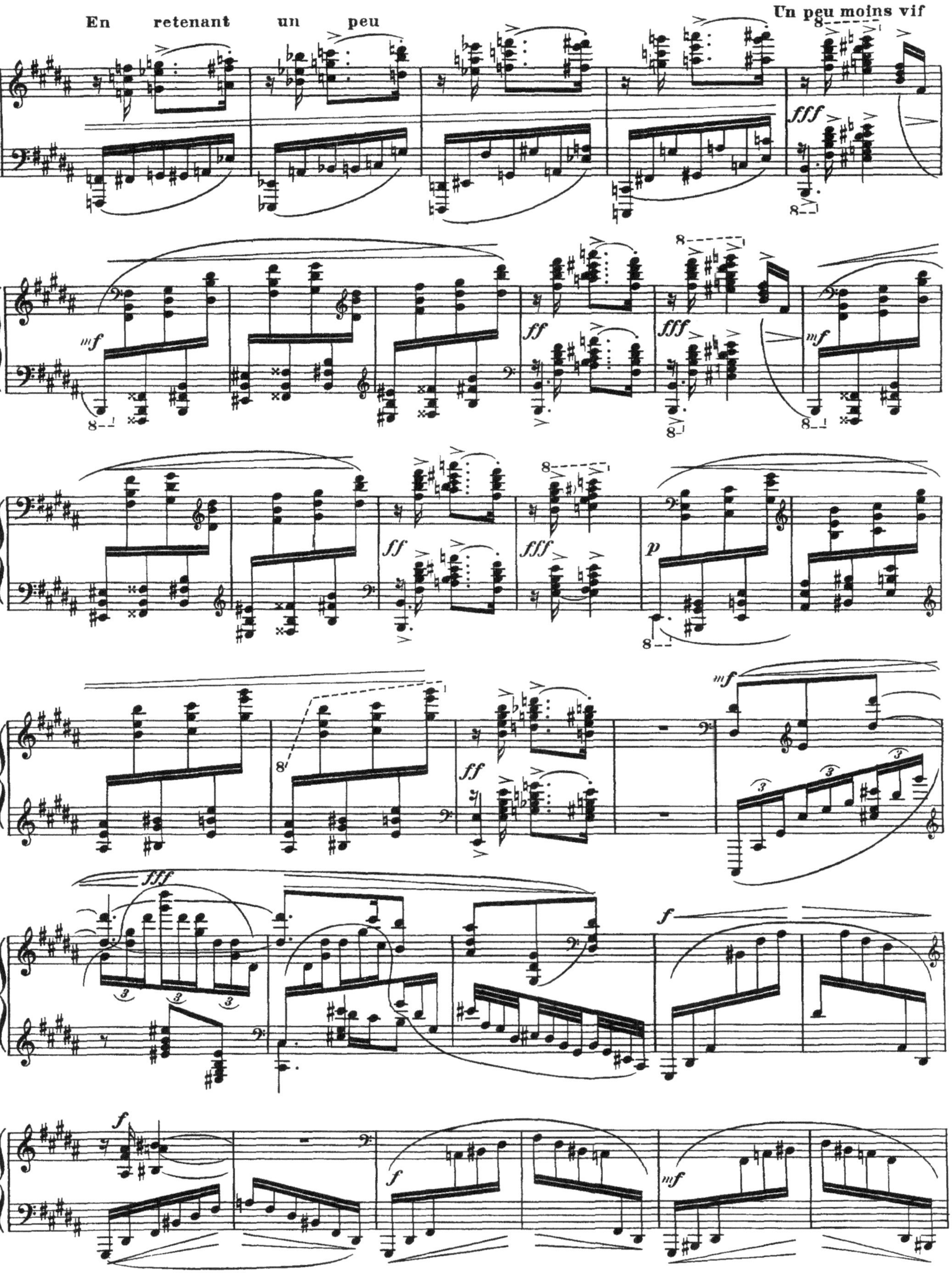
En retenant un peu
Un peu moins vif

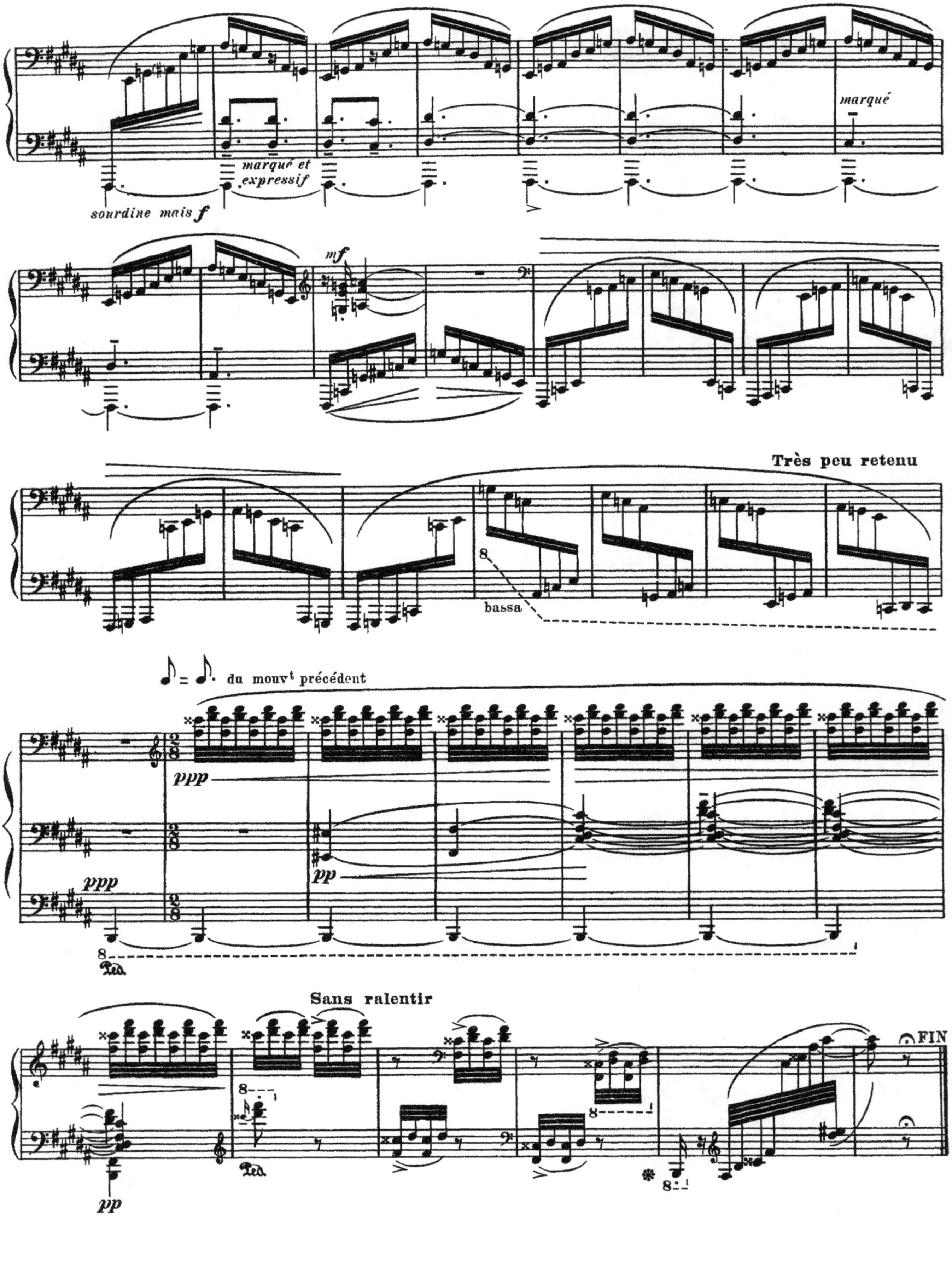
sourdine mais f
marqué et expressif
marqué
mf
Très peu retenu
8 bassa
du mouvt précédent
ppp
pp
Ped.
Sans ralentir
FIN